PLAIDOYER

DE

Me AUGUSTE JOHANET jeune,

Avocat à Orléans,

POUR

MM. CONSTANTIN DE CAQUERAY ET ALFRED

DE LA SERRIE,

Condamnés politiques,

PRÉVENUS DE BRIS DE PRISON.

———

ORLÉANS,

IMPRIMERIE DE GUYOT AÎNÉ.

———

1833.

AVANT-PROPOS.

MM. Constantin de Caqueray et Alfred de La Serrie, déjà condamnés, le premier à 10 ans, le second à 6 ans de détention, tentèrent une évasion à la fin du mois de septembre 1833. Prévenus de *bris de prison* et condamnés pour ce fait à un mois d'emprisonnement par le tribunal de Blois, ils avaient interjeté appel devant la cour royale d'Orléans. Mᵉ Auguste Johanet jeune était chargé de leur défense.

Le matin même du jour de leur comparution devant la cour, ils reçurent la signification d'un appel *à minimâ*, interjeté par M. le procureur-général Miron de l'Espinay. Cette mesure inattendue les détermina à renoncer à leur appel. M. le premier avocat-général Vilneau, avec la modération qui le caractérise, s'empressa de se désister à son tour de l'appel *à minimâ*; en sorte que la peine d'un mois de prison resta de droit confirmée.

Par suite de ce désistement, Mᵉ Auguste Johanet ne pouvait plus prendre la parole. Sa plaidoirie devait retracer fidèlement les faits de vexation et d'arbitraire de la prison de Blois, qui ont déjà été révélés par diverses plaintes contenues dans plusieurs journaux, et qui devaient pleinement justifier la tentative d'évasion de M. de Caqueray.

Tous ces faits sont rappelés sans aucune récrimination, parce que, fidèle au système de modération et de générosité qu'il n'a pas cessé de suivre, M. de Caqueray a voulu fuir jusqu'à l'apparence d'une intention de vengeance, et le seul désir de prévenir le retour de semblables actes a déterminé cette publicité. On a pensé en outre que le gouvernement s'empresserait de réparer les malheurs d'une injuste sévérité à l'égard de celui que le ministère public, reconnaissant tout le bien qu'il avait fait et le mal qu'il avait empêché, s'est fait un devoir d'appeler solennellement un *homme d'honneur*.

Quant à M. de La Serrie, la défense devait mettre de côté tout autre moyen que celui qui résultait si puissamment de sa position *unique, exceptionnelle, de parlementaire,* de ce caractère si formellement, si publiquement proclamé à-la-fois par le colonel Duvivier et le général Solignac.

On a pensé que dans l'intérêt de M. Alfred de La Serrie, mais plus encore dans celui de l'honneur militaire et du droit des gens, il était infiniment utile de reproduire les vastes considérations que la défense devait faire valoir avec énergie. Il ne s'agit plus en effet de la liberté d'un homme, mais de la liberté d'un *parlementaire.* Les hommes de bonne foi de tous les partis ne manqueront pas d'apprécier cette position vraiment exceptionnelle; car toutes les nuances doivent disparaître, toutes les opinions devenir sœurs, quand il s'agit de l'honneur national, et ils ne formeront tous qu'un vœu, celui qui est exprimé à la fin de cette plaidoirie, de voir la justice du souverain reconnaître enfin une inviolabilité si incontestable.

Nous le répétons, c'est dans ce but que ce plaidoyer a été imprimé; l'ordre social et la gloire du pays en sont le principal sujet; à ce titre, il sera lu avec attention.

PLAIDOYER

POUR

MM. Constantin de CAQUERAY et Alfred de LA SERRIE.

MESSIEURS,

Avant de commencer cette plaidoirie, je dois vous prévenir que je ne puis, sans nuire à l'intérêt de mes cliens, me dispenser d'entrer dans l'examen et la critique du système de vexation suivi dans la prison de Blois; mais je ne veux pas accabler par un blâme amer et de violentes récriminations ceux qui, en osant prendre de pareilles mesures contre des captifs, les ont en quelque sorte excités à commettre le délit qui les amène sur ce banc. J'imiterai ainsi la générosité de mes cliens. Je veux d'ailleurs ménager la modestie de l'administration de cette ville qui, dans ces derniers temps surtout, s'est montrée pleine de justice et d'humanité....... Toutefois, j'ai le droit et le devoir de demander raison d'une telle conduite, puisque c'est pour moi, je le répète, le seul moyen de faire disparaître une condamnation nouvellement prononcée.

Aujourd'hui ces deux jeunes hommes ne redoutent pas votre justice; ils se jettent au contraire entre vos bras protecteurs, et puisqu'il a été donné de tout faire contre eux, il leur sera permis aussi de tout révéler.

Le nouveau procès qu'on leur a suscité amènera un jugement plus redoutable que celui que vous prononcerez, le jugement de la société, de la France entière, qui a appris leurs longues et injustes souffrances, et attend de vous une réparation.

Avant de parler de la tentative d'évasion, je dois vou..

exposer la relation des actes qui l'ont seuls déterminée.

J'aborde sans plus tarder les faits de la cause, et je m'occupe d'abord du premier de mes cliens, pour lequel je ferai valoir de graves considérations tirées des systêmes de persécutions dont je viens de vous parler, me réservant de vous présenter un tout autre, mais non moins puissant moyen de défense pour Alfred de La Serrie.

Lorsque Constantin de Caqueray et ses compagnons quittèrent la Vendée, ils se félicitèrent de venir trouver des juges dans une cité voisine de la vôtre, et comme elle, si heureusement célèbre par ses mœurs douces et vertueuses. Ils ne se trompaient pas; ils purent remarquer cet esprit de douceur et de modération qui laissa sans sympathie et sans échos quelques hurleurs à gages, venus je ne sais d'où, qui un instant vociférèrent la haine et la mort autour des chariots des captifs.

Ces nombreux accusés durent penser surtout qu'une complète impartialité présiderait au régime de leur prison, et qu'on ne changerait rien à leur égard aux règles adoptées et suivies dans toutes les villes de France.

Sous ce dernier rapport, leur espoir était vain; je ne sais quelle inquiétude, quelle frayeur imaginaire, préoccupèrent ceux qui dictèrent le réglement de la prison, et les jetèrent, il faut le dire nettement, dans la route de l'arbitraire.

Les accusés politiques furent condamnés à ne recevoir leurs visites qu'à travers un grillage très-étroit, qui les séparait de trois ou quatre pieds de leurs consolateurs.

Chose étrange, Messieurs, et qui prouve le déplorable aveuglement de ceux qui établirent un tel régime, le ministère de l'avocat n'en fut pas exempt! Un ordre vraiment étrange fut pendant plusieurs jours en vigueur à Blois, que ces procès vendéens devaient recommander à l'estime et à la reconnaissance publiques. La grille, la grille infâme resta placée entre l'accusé et son conseil; les plaintes et les avis eurent des barreaux de fer pour intermédiaires et des soldats pour témoins.

Ce mépris des droits de notre noble profession ne pouvait durer long-temps. M⁰ Janvier, dont la brillante et magique parole brille encore dans vos ames, accourut auprès de Constantin de Caqueray. Vous savez tous comment la générosité de son caractère et sa prodigieuse éloquence devinrent une providence commune à tous les accusés politiques. Blois fut l'heureux témoin de son premier triomphe; et s'empressa de lui prédire cette longue série d'acquittemens et de couronnes que tour-à-tour Orléans et Bourges l'ont vu moissonner; et auxquels il ne devait manquer aucun genre de gloire puisqu'un ministre leur a decerné à la tribune le nom de *scandaleux*.

J'étais présent quand l'illustre avocat demanda son client. Le geolier, suivant le honteux usage, l'amena de l'autre côté de la grille comme une bête fauve.

A cet aspect, M⁰ Janvier, qui n'avait rien vu de semblable dans la Vendée, cet air de colère et de vengeance contre les accusés, recula d'horreur : « Retirez-vous, dit-il à Constantin; je ne vous verrai pas en cet état ! » Et il partit, les yeux étincelans d'une sainte fureur et d'une fierté qui firent trembler le concierge et les satellites. Il rédigea une plainte énergique que les journaux ont reproduite; il y réclamait ses droits avec orgueil; tous les avocats la signèrent; et furent enfin compris de ceux qui avaient osé entraver le plus beau de nos devoirs.

Ce qu'on fit pour la dignité de notre ordre, on ne voulut pas le faire pour la consolation des malheureux prisonniers. En un mot, on ne fut juste que parce qu'on ne pouvait faire autrement, et l'on refusa obstinément à l'humanité ce qu'on avait été forcé d'accorder à un droit irrécusable.

Malgré des plaintes réitérées, les grilles restèrent fixées

comme d'éternelles barrières entre le malheur et l'amitié. Les consolations ne purent parvenir aux accusés qu'à travers une distance de plusieurs pieds, et sous les yeux d'un factionnaire qui à travers un vitrage pouvait tout observer ; et cependant, dans toutes les prisons de France, dans toutes celles surtout qui reçoivent des détenus politiques, un parloir est consacré aux relations des captifs qui peuvent communiquer librement leurs chagrins et reçoivent des adoucissemens.

A Melun, à Fontevrault, on visite sans de pareils obstacles les condamnés ; à Toulon, à Brest, on peut embrasser un forçat, un assassin, un incendiaire ; on cause sans témoins avec des hommes couverts de crimes ; et remarquez-le bien, on ne jouit pas d'une faveur, mais d'un droit bien reconnu.... A Blois, ceux que des convictions politiques ont seules entraînés ne peuvent pas même serrer la main d'un ami......

Cette mesure, il faut le dire, ne subit aucune espèce d'infraction ; elle confondit dans son illégalité les chouans obscurs comme les Kersabiec, les Guibourg, et M. Berryer pour lequel le banc d'une cour d'assises est devenu un char triomphal et l'acquittement une longue et unanime ovation ; n'en a pas été un seul instant excepté.

Dans cet horrible état de choses, le désespoir devenait inévitable. De jeunes hommes que leur éducation rendait d'autant plus sensibles à tant de maux qu'ils en reconnaissaient la profonde injustice, ne pouvaient laisser ainsi leur jeunesse se flétrir, leur énergie s'affaisser dans l'inaction et la solitude......

Leur vie n'était pas une souffrance mais une torture ; leur prison était leur supplice de tous les instans, et les courts momens que des amis, consentant à subir l'humiliation de la grille, venaient passer avec eux, rendaient leurs chagrins plus amers et leur désespoir plus vif.

Chaque jour ils devaient songer aux moyens de sortir d'un lieu que leur courage se fût sans doute résigné à supporter, s'ils eussent été sous la garde de la justice et non des préventions.

Bientôt un acte de cruauté vint mettre le comble à leur exaspération. Je m'empare de ce fait qui concerne particulièrement l'un de mes cliens. Ici, Messieurs, je vous demande toute votre attention.

Constantin de Caqueray portait des pantoufles que sa mère avait faites de ses propres mains et lui avait envoyées comme un tendre souvenir. Le pauvre prisonnier eut la faiblesse de se réjouir de ce don maternel; il versa quelques larmes de joie en le recevant. Un instant après, il portait d'un air heureux et presque fier ces pantoufles qui devaient lui devenir si fatales.

Quelques mois s'écoulèrent sans que personne songeât à leur trouver une couleur de révolte ou un dessein séditieux. Il ne fallut rien moins que la susceptibilité et le bizarre dévouement d'un caporal qui, dans sa brutale insolence, voulut absolument voir dans l'innocente chaussure une nouvelle preuve d'attentat, de complot, ou d'excitation à la guerre civile, au mépris du gouvernement... Toujours est-il que l'autocrate du corps-de-garde s'indigna, fit grand bruit; et comme un caporal est quelque chose dans une prison, il donna en même temps ordre à M. de Caqueray de quitter un signe si destructeur, et à ses soldats de tirer sur lui s'il n'obéissait promptement.

Or, je dois vous le dire en passant, et vous l'avouer à mon grand étonnement: les pantoufles n'étaient pas même vertes; un fond noir et quelques pots de fleurs en relief, non de fleurs de lis, je vous le répète, en formaient la très-inoffensive composition.

Cependant M. de Caqueray, quoique bien convaincu

qu'il n'avait point arboré une effigie proscrite, consentit, sous peine de mort, à tranquilliser, du moins aux yeux du caporal, le gouvernement de juillet, en désarmant ses pieds des pantoufles insurrectionnelles..... Il rentra dans sa chambre; un instant après, son compagnon Renaudot en sortit, et fut mis en joue par les soldats, qui le prirent pour le prétendu coupable, et prouvèrent ainsi leur aveugle obéissance envers leur digne caporal. Il y a d'abord au fond de ce fait quelque chose de burlesque; mais ce qui commença comme une comédie faillit finir par un drame affreux : l'horreur est la seule impression qui en reste, et que vous partagez avec moi. Une lettre fut adressée par Constantin de Caqueray à M. le maire, qui, je veux le croire, lui répondit avec une inconcevable irréflexion, une étrange insouciance, mais non avec un sang-froid, une rudesse calculée, qu'*il avait provoqué cet acte par son imprudence.*

Il paraît que M. le maire n'avait confiance qu'au récit du caporal, et non à celui de mon client. Il aurait pu se dispenser d'écrire une pareille réponse en se faisant apporter les pantoufles, et j'ose lui assurer que la susceptibilité administrative la plus ombrageuse, le dévouement le plus scrupuleux au trône de juillet, n'auraient jamais pu y découvrir la moindre intention d'hostilité. Je finis sur ce point : aussi bien, la publicité donnée à d'odieuses vexations et l'indignation des hommes impartiaux de tous les partis ont suffisamment vengé mon client d'une si étrange conduite.

Vous le concevrez, Messieurs, un condamné qui voit ainsi protéger ses persécuteurs, qui est convaincu que toute justice est violée pour lui, ce condamné-là n'a qu'un parti à prendre, c'est de s'évader s'il le peut, et la responsabilité en tombe sur ceux dont l'arbitraire et les préventions lui ont enlevé tout espoir et toute justice.

Je ne crois pas exagérer en trouvant une excuse pour Constantin de Caqueray dans l'affreux régime de la prison. Maintenant j'arrive à ce qui dut le déterminer à s'évader sans délai ; c'est la nouvelle qu'il reçut de son prochain départ pour Saint-Michel.

Saint-Michel ! ! ! A ce nom, Messieurs, vos cœurs généreux ont frissonné ; il vous rappelle le lieu de prédilection où une inflexible rigueur entasse sous une atmosphère mortelle des hommes qui, toute leur vie, adversaires par les opinions politiques, se trouvent aujourd'hui confondus dans une même haine et réunis dans un commun martyre.

Là, de dignes geoliers sont chargés d'imposer chaque jour de nouvelles privations aux prisonniers. Grâce à leur zèle et au raffinement de leur cruauté, une main de fer pèse sur les cachots, toutes les souffrances morales viennent aggraver les tourmens physiques ; ils sont aux petits soins pour vexer, et ils exécutent les ordres de leurs chefs avec l'impatience du bourreau qui ne craint que de s'engourdir en frappant.

On ne veut pas comprendre que plus la haine charge ces victimes de menottes et de fers, plus elle les investit de la sainte dignité du malheur, et appelle autour de leurs charrettes et de leurs cabanons le touchant intérêt, la noble pitié que commandent toujours des condamnés politiques.

Vous parlerai-je, pour le complément de la défense de Constantin de Caqueray, de ces insultes continuelles de la part des soldats de faction, de ces inscriptions dégoûtantes contre des détenus, dont les murailles étaient chaque jour plus salies, de ce vil système d'espionnage sous toutes les formes ? Ajouterai-je enfin le récit de ce fait de cruauté exorbitante que les journaux de tous les partis ont stigmatisé, de ce coup de fusil tiré au milieu de la nuit dans la porte qui avoisinait le lit des deux captifs, et sans autre motif de la part de la sentinelle que le son d'une voix entendu, comme s'il n'était pas permis à des condamnés de parler tout haut en rêvant, ou de charmer leurs longues insomnies par la conversation ! !..... Une telle atrocité parle assez haut contre elle, et je suis trop généreux pour m'étendre davantage sur son compte....

Je me résume maintenant, Messieurs, et vous dirai, sans crainte d'être démenti, que Constantin de Caquéray n'a jamais rien fait, rien dit, qui pût motiver la moins odieuse de toutes les privations, l'inconcevable acharnement que pendant dix mois il a courageusement supporté....

Vous concevrez mieux que sa fermeté se soit abattue, sa résignation épuisée, quand vous saurez qu'il était en droit de placer en parallèle des mesures iniques dont on l'environnait, cet hommage public qu'on avait rendu à sa modération, à son caractère franc et loyal, alors qu'il était placé sur le banc des assises.

Sans doute on n'eût pas agi avec tant de sévérité à son égard si l'on eût voulu se rappeler que le ministère public, admirant dans ses réponses d'accusé la même conviction, la même générosité que dans ses paroles et ses actes de chef de chouans, reconnut qu'il avait fait beaucoup de bien et empêché beaucoup de mal, et le salua solennellement du nom d'*homme d'honneur*.

Or, je vous le demande, les ~~ordres~~ mesures de la prison de Blois, au lieu de lui prodiguer les soins et les égards que cette juste qualification commandait, n'ont-ils pas été dirigés contre cet *homme d'honneur*, et ne restent-ils pas par-là même responsables du délit qu'on traduit aujourd'hui devant vous ?...

Je le dis avec toute confiance, Messieurs, Constantin de Caqueray, traité comme il devait l'être, eût noblement souffert sa dure captivité, aucune pensée d'évasion ne l'eût préoccupé; mais lorsque son grand cœur se vit l'objet

d'étroites persécutions, de mesquines cruautés, qui venaient illégalement frapper un homme sous les verroux;
oh! alors il se révolta, et n'hésita plus à prendre tous
les moyens de s'y soustraire. Il crut de sa dignité *d'homme
d'honneur* de ne pas les subir plus long-temps.

Ici, Messieurs, je voudrais vous placer le récit de
la tentative infructueuse d'évasion de la part de mes
deux cliens, qui, après l'alerte donnée par le coup de
feu de la sentinelle, trouvèrent, au lieu du bonheur et
de la joie de leur famille, un noir cachot et des fers
aux pieds......

Mais je veux vous épargner les détails de ce drame
horrible, de ce spectacle touchant de deux jeunes gens
redevenus captifs au moment de reconquérir la liberté.
Je n'ai pas la force de vous peindre le désespoir du
père de Constantin de Caqueray, accouru la veille pour
embrasser son fils (*), d'une mère et de deux sœurs dont
la tendresse impatiente comptait les secondes, et dont
la vive sollicitude, s'indignant en quelque sorte contre le
calme d'une nuit silencieuse et pure, demandait, pour
protéger la fuite de leurs chers captifs, des orages et des
tempêtes à ce ciel qui ne leur offrait de toute part qu'une
affreuse sérénité...

Je n'ai pas non plus l'intention de perdre mon temps
et le vôtre à nier *le bris matériel de prison*; c'est un
fait incontestable sans doute, mais dont vous trouvez
Constantin de Caqueray complètement justifié par les
actes d'injustice et d'arbitraire qui seuls, je le répète,
l'ont provoqué à tenter une évasion.

Rappelez-vous d'ailleurs que Constantin de Caqueray
a été doublement victime, car on est resté sourd à ses
justes plaintes, insensible à ses réclamations bien fondées,

(*) M. de La Serrie père n'était pas à Blois à cette époque.

et ses maux se sont prolongés par suite d'une coupable indifférence pour un captif. Ne pensez-vous pas que de longues et injustes souffrances, au lieu d'une aggravation de peine, méritent au contraire une prompte et complète réparation par un acte de la justice du souverain, et qu'une détention d'une année dans de si excessives rigueurs et un tel arbitraire est plus insupportable que dix années sous un régime d'égards et de modération, et n'est pas une suffisante expiation des entraînemens de la jeunesse et des convictions ?

Avec moi, j'ose le croire, vous l'avez pensé, et vous attendez impatiemment que Constantin de Caqueray recouvre une liberté dont la qualité d'*homme d'honneur* qui lui a été décernée par ses adversaires vous répond qu'il ne peut faire qu'un noble usage.

J'arrive maintenant à Alfred de La Serrie : je vous ai annoncé, Messieurs, que je n'emploîerais pas à son égard les mêmes moyens de défense que pour M. de Caqueray. Sans doute je pourrais vous le représenter aussi subissant les vexations de la prison de Blois ; mais je dois me souvenir avant tout, et Constantin de Caqueray serait le premier à me rappeler que son ami est revêtu d'un noble titre, d'une haute fonction, qui rempliront ma tâche mieux que tous ces puissans moyens joints à mon zèle et à mon amitié ne le pourraient faire. La position d'Alfred de La Serrie est *unique*, *exceptionnelle*, toute de dignité, sa défense doit l'être aussi.

Vous savez tous sans doute l'histoire de ce jeune homme qui, vouant dès son bas âge toute son existence à ce qui est dans sa famille une foi inébranlable et héréditaire, au maintien des principes de la légitimité, crut de son devoir de prendre part à la dernière insurrection de l'Ouest. Il était à-la-fois le plus brave et le plus sage de tous ses compagnons, et j'en trouve mon-

seulement la preuve dans la déclaration de M. le procureur du roi d'Ancenis, qui, aux débats, l'appela publiquement *le plus généreux et le plus dévoué de son parti*,
mais encore dans la mission difficile et imposante dont
il fut chargé. Il fut envoyé par les siens *en parlementaire*
afin de traiter avec l'autorité militaire, qui bientôt eut
pour représentant le colonel Duvivier, investi d'un grand
pouvoir dans un pays que la *mise en état de siége* avait
placé hors la loi, et qui reçut du général Solignac l'ordre
de traiter *de puissance à puissance* avec M. de La
Serrie.

Je ne veux pas poursuivre mon récit sur ce point. Je
ne pourrais d'ailleurs qu'effleurer ce qui est si loyalement
détaillé dans la déposition de cet honorable officier aux
assises de Blois.

« M. *Duvivier*, colonel au 32ᵉ régiment d'infanterie de
ligne en garnison à Nantes, est introduit. Un profond
silence s'établit, et le témoin s'exprime en ces termes :

« Je fus informé le 8 juin qu'un chef de rebelles s'était
présenté à Ancenis comme parlementaire. M. le lieutenant-
général Solignac, commandant la 12ᵉ division militaire, me *donna l'ordre* de partir de suite pour voir
par moi-même ce dont il était question. A mon arrivée
à Ancenis, M. le procureur du roi me présenta M. de La
Serrie, qui lui-même m'informa du but de sa mission.
Je lui répondis que les ordres dont j'étais porteur ne me
permettaient d'accepter aucune stipulation ; qu'il fallait
que les révoltés fissent une soumission complète et immédiate, et que leurs chefs fussent remis à la disposition du gouvernement ; faute de quoi, je devais employer
la force pour les y contraindre. J'ajoutai qu'il fallait
que M. de La Serrie retournât de suite près de ses camarades pour leur faire part de cette réponse. M. de La
Serrie se disposa en effet à partir ; mais, à son apparition

sur la place publique d'Ancenis, des troubles violens se manifestèrent; et, ne croyant pas qu'il fût en sûreté au milieu d'une population exaspérée, je le fis rentrer dans la maison de M. le procureur du roi, en attendant le moment opportun pour le faire partir. Dans cet intervalle, je dirigeai vers le bourg de Ligné un détachement de troupes pour forcer les rebelles à mettre bas les armes. Quelques instans après, je revis M. de La Serrie, et je lui fis part des dispositions que je venais de prendre. Il me répondit aussitôt : « Il faut absolument que je parte, parce que mes camarades ne me voyant pas revenir, et se voyant attaqués par des troupes, tireraient sur elles, et qu'il en résulterait une rencontre funeste. » Je trouvai cette observation très-juste, et je me concertai avec M. le procureur du roi pour *assurer le départ* de M. de La Serrie. Je fis conduire son cheval à l'endroit où il devait passer ; mais il paraît qu'il était trop tard, car M. de La Serrie était déjà parti. Il fut arrêté à quelques lieues par l'avant-garde du détachement que j'avais envoyé, et retenu prisonnier malgré sa protestation et sa *qualité de parlementaire*. La colonne que j'avais envoyée à Ligné était arrivée près de la cure, et, sachant que quelques chefs de rebelles s'y étaient réunis, il fallut la cerner. Il paraît que pour entrer il y aurait eu quelques barreaux de cassés, et qu'au même moment des coups de fusil partis de la gauche auraient été tirés sur la troupe. Ce fut alors que M. de La Serrie demanda instamment à pouvoir communiquer avec les rebelles, afin de les décider à mettre bas les armes. M. Damouroux, qui commandait en remplacement du capitaine qui avait été blessé au commencement du feu, y consentit. Ils se présentèrent seuls dans la cure, et demandèrent que l'on cessât le feu. Après quelques hésitations, les portes de la cure furent ouvertes, et on n'y trouva que le curé et ses domestiques. On me prévint de suite de ce qui se passait ; je me hâtai de me rendre sur les lieux, et je trouvai M. de La Serrie au milieu des gardes nationaux ; mais l'exaspération était portée au dernier degré, et pouvait compromettre la sûreté de M. de La Serrie. Je ne crus donc pas pouvoir faire autrement que de l'envoyer à Nantes pour le remettre à la disposition de M. le lieutenant-général Solignac. On lui fit revêtir un habit de garde national, et c'est sous ce costume qu'il arriva à Nantes. Adversaire politique de M. de La Serrie, je ne puis m'empêcher de lui rendre cette justice, c'est qu'il a rempli avec sollicitude et dévouement la mission dont il s'était chargé ; faisant abnégation de lui-même, il n'a plaidé qu'en faveur de ses frères d'armes ; il m'a répété plusieurs fois que si quelque culpabilité devait peser sur ses camarades, il en acceptait la responsabilité tout entière, et qu'il demandait à être regardé comme le plus coupable. (Nombreuses marques d'approbation dans les diverses parties de la salle.) Quant à la question de parlementaire, je ne crois pas pouvoir la discuter ; je ferai seulement une remarque, c'est que la ville d'Ancenis était en état de siége, et que j'ai été étonné que l'autorité militaire eût été prévenue par l'autorité civile de ce qui se passait. J'arrivais avec les ordres du commandant de la division, qui me prescrivait d'exiger une soumission immédiate et sans condition ; mais si l'autorité civile avait refusé à M. de La Serrie la qualité de parlementaire, *j'avais ordre de la reconnaître.* Il est d'ailleurs dans les usages militaires de *respecter les parlementaires*, et l'admission de M. de La Serrie en cette qualité près des autorités civiles, était une *sanction de son caractère.* Au surplus, je suis étranger au fait de l'admission de M. de La Serrie près des autorités civiles d'Ancenis ; je suis arrivé postérieurement à cette admission.

2

» *M. le président.* — Savez-vous s'il y avait des chefs à la cure de Ligné quand on a tiré sur la troupe?

» *Le témoin.* — Je l'ignore. Dans tous les cas, ce fait serait tout-à-fait indépendant de la volonté du sieur de La Serrie, qui était prisonnier, et qui n'avait pu dès-lors rendre compte à ses camarades de la réponse du général Solignac. Je ne conçois pas au surplus comment le général Solignac, qui avait reconnu le *caractère de parlementaire* de M. de La Serrie, n'a pas ordonné de suite *sa mise en liberté.*

» *D.* Vous n'avez pas fait vous-même de réflexions sur cette qualité de parlementaire que prenait M. de La Serrie?

R. Je n'y ai pas songé. Si j'avais été le maître d'agir à ma volonté, peut-être n'aurais-je pas traité de puissance à puissance; mais j'étais seulement *porteur d'ordres* que je devais exécuter; je ne devais qu'*obéir.* (Approbation.

» *Me de Saint-Vincent.* — Je demanderai à M. le colonel Duvivier si M. de La Serrie, en retournant à son corps, ne conservait pas encore sa qualité de parlementaire?

» *Le témoin.* — Je ne pouvais le considérer comme prisonnier puisqu'il était chargé d'une *mission.*

» *M. le président.* — Quand devait-il retomber dans le droit commun?

» *Le témoin.* — Pas avant qu'il eût retrouvé ses camarades; pas avant qu'il fût revenu au point d'où il était parti.

» *Me de Saint-Vincent.* — Si M. de La Serrie avait été

(*) Me Dubois de Saint-Vincent, actuellement avocat à Blois, était, avant les événemens de juillet, substitut du procureur-général à Colmar. Il déploya dans l'affaire de M. de La Serrie un talent et une fermeté de conviction qui prouvent qu'il était digne de défendre un si honorable client.

traduit devant un conseil de guerre, quelle décision le conseil de guerre aurait-il pris à son égard ?

» Le témoin s'incline sans répondre.

» *M° de Saint-Vincent.* — M. le général Solignac a dit que si M. de La Serrie était traduit devant un conseil de guerre, il viendrait le défendre lui-même. »

Certes, Messieurs, le *caractère* d'Alfred de La Serrie est suffisamment annoncé dans cette déposition ; elle ne contient pas une phrase qui ne s'appuie sur cette *mission bien formellement reconnue de parlementaire.*

Je vous ferais donc injure en insistant sur cette qualité, désormais incontestable. Aucun de vous ne l'ignore, un parlementaire, d'après toutes les règles reçues et scrupuleusement observées, est inviolable tant que durent ses fonctions ; il est *res sancta et sacra,....* Ainsi que vous en avez acquis la preuve de la bouche d'un adversaire, on l'accueille avec distinction, *on lui offre une escorte,* et l'on prend des mesures pour faciliter son arrivée jusqu'à son camp...... Cependant Alfred de La Serrie fut arrêté, incarcéré, alors qu'il était non-seulement *parlementaire* au nom des siens, mais que cette qualité lui était de nouveau attribuée et spécialement conférée par ceux auprès desquels il avait été envoyé, et qui le *chargeaient* à leur tour de porter à un chef des insurgés des paroles de paix et de conciliation. Telle fut l'heureuse, *l'unique* destinée de ce jeune homme, que la générosité de ses sentimens et la pureté de ses intentions furent également appréciées par ses amis et ses ennemis ! ! !

Je suis fier de trouver encore la preuve de ce que j'avance dans la bouche du général Solignac, qui, à son grand regret, se fit remplacer par la déclaration que je vais vous lire.

« Une assez forte indisposition et une affaire de la plus haute importance me mettant dans l'impossibilité de me trouver aux prochaines assises de Blois, je me *fais un devoir* de déclarer que l'arrestation de M. Alfred de La Serrie, le 8 juin dernier, près Ligné, me parut évidemment le résultat d'un malentendu, puisque M. de La Serrie, envoyé en *parlementaire* par M. de la Roche-Macé auprès des autorités militaires à Ancenis, retournait, lorsqu'il fut arrêté, auprès de son chef, avec l'autorisation du colonel Duvivier, qui *l'avait chargé* d'engager M. de la-Roche-Macé à faire déposer les armes au rassemblement de rebelles qu'il commandait ; je dois ajouter que je rendis compte, dans le temps, de cette circonstance, à M. le maréchal ministre de la guerre, et que tous les rapports que je reçus plus tard sur le compte de M. de La Serrie, m'ayant démontré que son arrestation était *contraire aux lois de la guerre*, j'aurais pris la détermination d'ordonner *sa mise en liberté*, si j'avais conservé plus long-temps mon commandement.

» Paris, le 7 décembre 1832.

» *Le lieutenant-général* SOLIGNAC. »

Vous l'entendez, Messieurs, c'est le plus élevé des agens du gouvernement qui s'exprime ainsi en faveur de mon client ; c'est celui qui, commençant toutes ses proclamations publiques par ces mots si solennelles : « *Le roi m'a confié un grand pouvoir* », engageait l'honneur de ce gouvernement qu'il représentait ; c'est ce même général, ce véritable dictateur, qui déclare formellement qu'il se fût empressé de faire relâcher M. de La Serrie, tant il le regardait comme placé sous le bouclier protecteur du droit de la guerre, de la loyauté de l'armée....

Ici, Messieurs, je m'arrête ; je ne me sens pas la force de vous parler de la fin désastreuse de ce procès si mémorable, où, à l'aspect du fils soutenu par le père, ou, pour parler plus juste, de tous les deux soutenus l'un par l'autre, car ils sont en commune possession de cette fleur de loyauté chevaleresque, de cette vieille fidélité des temps antiques, une cité tout entière, étonnée et attendrie, recueillit des discours pleins de complète franchise, d'inaltérable dévouement, des exemples de persévérance sublime dans des sentimens et des convictions que tous les partis proclamèrent dignes d'admiration.

Je ne pourrais trouver que des accens trop amers de regret, de désespoir, en vous retraçant l'impression profonde que produisit dans tous les cœurs cette condamnation inouie qui foulait aux pieds la divinité des camps, la foi jurée; mais je crois pouvoir vous la peindre d'un seul trait, en vous disant que si au moment de ce déplorable arrêt il se fût trouvé dans la salle des assises une statue de l'honneur militaire, il eût fallu se hâter de la recouvrir d'un voile de deuil ! ! !....

Vous comprenez maintenant, Messieurs, toute la position d'Alfred de La Serrie; ai-je besoin encore de vous parler de ces angoisses, de ces tortures morales bien plus insupportables que tous les tourmens physiques, qui ont accablé le pauvre prisonnier depuis seize mois, de cette voix pure et imposante qu'il n'a jamais cherché à étouffer, mais qu'il a au contraire écoutée avec une attention religieuse, et qui chaque jour lui criait au fond du cœur qu'en lui l'honneur du pays et de l'armée était audacieusement violé et captif avec lui ?....

Il y a dans cette ame noble et brûlante, qui se connaît si bien en fait de loyauté, le souvenir sans cesse renaissant de ce moment fatal où la haute qualité dont il était doublement investi ne fut point un bouclier, mais une chaîne horrible. Imaginez-vous alors que son existence aujourd'hui n'est plus qu'un supplice continuel.....

C'est ici, Messieurs, le lieu de vous parler en peu de mots de l'évasion qu'il crut de son droit et de son devoir de tenter. Se regardant comme la personnification

2*

d'un principe sacré violemment outragé par sa captivité ;
il n'hésita pas à prendre tous les moyens de s'arracher à
la surveillance et aux verroux d'un gouvernement dont le
représentant le plus élevé s'était empressé de reconnaître
un caractère qui rendait sa personne inviolable.

J'ai déjà dit que c'était son droit et son devoir ; je ne
me rétracte pas ; loin de là, Messieurs, je le répète avec
conviction et avec la douce confiance que vous m'avez
bien compris : Alfred de La Serrie, prisonnier en ce moment, n'en est pas moins resté parlementaire ; sa mission
n'était pas terminée, comme vous l'a dit le colonel Duvivier ; il n'eût perdu son inviolabilité qu'après avoir rejoint
les siens ; elle dure donc encore ; et elle ne finira qu'avec
le recouvrement de son entière liberté. Tel est le beau
privilége de la haute fonction dont il était revêtu ; et à
ce sujet, qu'il me soit permis de dire sans récrimination
que je ne comprends pas le pouvoir qui donne ainsi de
si puissantes armes contre lui, qui fournit tant de raisons
de se plaindre et de le blâmer, non-seulement à ses adversaires mais à ses propres partisans, qui contraint tout
ce qu'il y a de généreux et d'indépendant en France à
réclamer au nom de la gloire nationale, de l'honneur
militaire, un acte du gouvernement qui ne devra, qui ne
pourra pas en aucun cas être considéré comme une grâce,
mais comme la reconnaissance trop long-temps attendue
d'un caractère solennellement proclamé par le premier
de ses agens, comme une justice déjà si tardive envers
la victime de ce qui a pu commencer par être une erreur,
mais est devenu une longue trahison...

On me répondra peut-être que M. de La Serrie peut
faire valoir lui-même aux yeux du pouvoir l'avantage de
sa position et solliciter sa grâce. Je ne m'étonne point de
ce langage, en me rappelant que des personnages influens
dans l'État se sont empressés d'exprimer à ce sujet leurs

vifs desirs. Toutefois, je dois saisir, dans l'intérêt d'Alfred
de La Serrie, cette occasion de dire aux hommes impartiaux de toutes les opinions, qui m'approuveront, j'en
ai l'entière certitude, que ce n'est pas à M. de La Serrie
à faire une démarche de cette nature. Déjà il a adressé
des réclamations pour faire reconnaître sa position pri-
vilégiée, et il attend encore que sa voix soit écoutée....
Sans doute, par ce mot *grâce*, le seul que le gouvernement puisse employer pour ne pas mépriser un acte
judiciaire, son honneur ne serait pas offensé; mais alors
il aurait le droit et le devoir, pour sa dignité et plus
encore pour celle de l'armée, de trouver dans le recouvrement de sa liberté, au lieu d'une grâce ordinaire, la
réparation de l'atteinte portée à sa complète inviolabilité, au
moment de son arrestation.

Il faut le dire ici sans détour et sans arrière-pensée,
Alfred de la Serrie ne s'emparerait pas si avidement de
cette position *exceptionnelle* dans laquelle il se trouve,
si elle n'intéressait que lui seul. Mais encore une fois, ce
n'est pas contre l'ennui et les longues souffrances de la
prison que son impatience augmente chaque jour; souvent
il a, pour me servir d'une expression militaire, *fait ses
preuves*, comme Constantin de Caqueray; il a été soldat
brave et intrépide, il a courageusement combattu pour ses
convictions, il a exposé sa vie pour les siens, il s'est
précipité au-devant de tous les dangers. Avec ses nombreux
compagnons d'infortune, de Mélun et du Mont-Saint-
Michel, il supporterait sans se plaindre sa dure captivité;
mais il y a chez lui une complication remarquable à laquelle
il chercherait en vain à se soustraire; il n'est pas seulement
Vendéen enchaîné, il est *parlementaire* dans les fers; à ce
dernier titre, il se doit tout entier au caractère sacré qu'il
représente, et il ne peut sans cesser de se montrer jaloux
de la conservation d'une vérité de tous les âges, d'un prin-

cipe fondamental du repos et de l'honneur de la France, la
foi jurée, négliger de réclamer une justice déjà trop tardive sans doute, mais toujours de plus en plus méritée, de
plus en plus incontestable.

Certains pourront appeler cette conduite bien austère,
surtout de la part d'un captif dont les plus belles années
de la jeunesse s'épuisent dans les cachots, qui perd
son présent, et compromet, sacrifie peut-être tout son
avenir. Cependant, Messieurs, je n'ai rien exagéré ; mon
client ne me démentira pas, je me suis inspiré de ses
sentimens et de ses pensées.

Vous ne vous étonnerez plus d'une aussi merveilleuse
conduite, quand vous saurez que dans la famille des
La Serrie, comme dans celle des Caqueray, la loyauté
n'a jamais vu ternir son brillant éclat, ni l'honneur sa
pureté native.

Chez ces hommes devenus si rares de nos jours, il y a une
communauté de sympathies, de convictions, qui, restent toujours les mêmes ; les laisser s'altérer à leurs yeux, ce serait
les perdre, et pour éviter un tel malheur, rien ne coûte,
surtout quand il s'agit de l'intérêt et de la gloire du pays.....

Mon jeune client ne veut pas dégénérer, il sacrifiera
plutôt sa liberté à ses principes, comme il sacrifierait
encore son sang pour les défendre ; et en pensant à ses
parens et à ses amis dont il est si cruellement, si in-
justement éloigné dans sa prison, lui aussi, fier et presque
joyeux, il s'écriera : *J'ai tout perdu, fors l'honneur !*

Vous en conviendrez, Messieurs, de tels hommes de nos
jours sont bien rares ; aussi, quand on les trouve, il faut
les peindre et les saluer d'un signe de respect et d'admiration.

Maintenant, je le demande, y a-t-il quelqu'un dans
cet auditoire qui soit assez peu ami de son pays pour ne
pas applaudir à une si noble résolution, et souhaiter

ardemment que la justice du gouvernement vienne enfin chercher un *parlementaire captif* ! ! !...

Je dois placer, en terminant, une pensée qui sans doute vous frappera vivement, et déterminera votre décision.

Ici, Messieurs, en effet, vous n'êtes plus les juges selon la loi qui semble vous imposer en quelque sorte l'article du code pénal relatif *au bris de prison ;* vous êtes les juges de cette loi, vous êtes placés bien au-dessus d'elle par l'appréciation que vous pouvez, que vous devez faire de la position *unique* et inattaquable, qui est pour Alfred de La Serrie une victorieuse garantie dont une condamnation nouvelle de votre part sanctionnerait la déplorable violation.

Les ennemis de notre patrie s'empareraient de la moindre condamnation, et triompheraient en voyant la parole d'un général français méprisée, son autorité méconnue, et celui qu'elle a protégé si évidemment, deux fois emprisonné après y avoir livré sa confiance.

S'il ne vous est pas donné de briser les fers qui les retiennent, n'allez pas au moins, par une désolante récidive en matière d'honneur national, les resserrer davantage, et prouvez noblement que vous ne pouvez qu'absoudre ceux qui, dans un cas pareil à celui que je vous signale, ont voulu, en tentant une évasion, montrer qu'ils avaient agi moins dans leur intérêt que dans celui de la réparation nécessaire d'une criante injustice envers un principe *reconnu* par tous inviolable.

J'arrive à une dernière et puissante considération qui est commune à Caqueray et à Alfred de La Serrie, que je n'ai séparés un instant que parce que le besoin de ma cause l'exigeait. Tous deux ils se révolteraient si je ne les confondais dans la demande que je vais vous adresser ; car ils sont à-la-fois unis par les mêmes sympathies et par le malheur.

Ah ! vous dirai-je, n'ajoutez pas un jour de plus à leur captivité. Pour tous les deux ce serait une horrible peine ; car l'un reste convaincu qu'il est protégé par une juste résistance à des illégalités, l'autre par le principe d'honneur qu'il représente ; et ils ne pourraient s'expliquer une telle sévérité des juges de leur pays. Tous les deux ils ont, si je puis m'exprimer ainsi, arrangé tout leur avenir de prison ; ils ont compté leurs jours et leurs heures de captivité ; ils se sont plus à dire à leurs parens et à leurs amis qu'ils les embrasseraient, libres, dans six, dans dix années. Ne venez pas, par votre arrêt, déconcerter leurs calculs, renverser leurs douces espérances ; ou plutôt ne déconcertez pas les calculs si touchans, ne renversez pas les plus douces espérances de leurs pères, de leurs mères et de leurs sœurs, qui les attendent si impatiemment....

Hâtez-vous de diminuer la première condamnation prononcée contre mes cliens ; car je vous prie instamment de ne pas les séparer par votre arrêt. Grâce au public hommage rendu à leur noble caractère, ils sont protégés l'un par l'autre ; tous les deux ils veulent rester dans une communauté de malheur.

Enfin, Messieurs, il ne serait pas généreux d'ajouter un mois de plus à une longue et dure détention. Ce surcroît de peine donnerait lieu à de justes plaintes, à des récriminations méritées ; il est digne de vous de montrer que le pouvoir ne doit pas rester obstinément inflexible, et que la justice impartiale et sage veut, dans l'intérêt du présent et de l'avenir, refuser de s'associer à des rigueurs inutiles.